Questo è il Diario Fotografico di...

Ecco di cosa parleremo:

"Occasioni Speciali"

Partiamo dall'Inizio!

La mia Famiglia...
Prima che io nascessi

Ecco la mia famiglia prima del mio arrivo!

La Mamma si chiama:

- - - - - - - - - -

Il Papà si chiama:

- - - - - - - - - -

I miei genitori (come si sono conosciuti):

Una scintilla si accende: sono stata concepita!

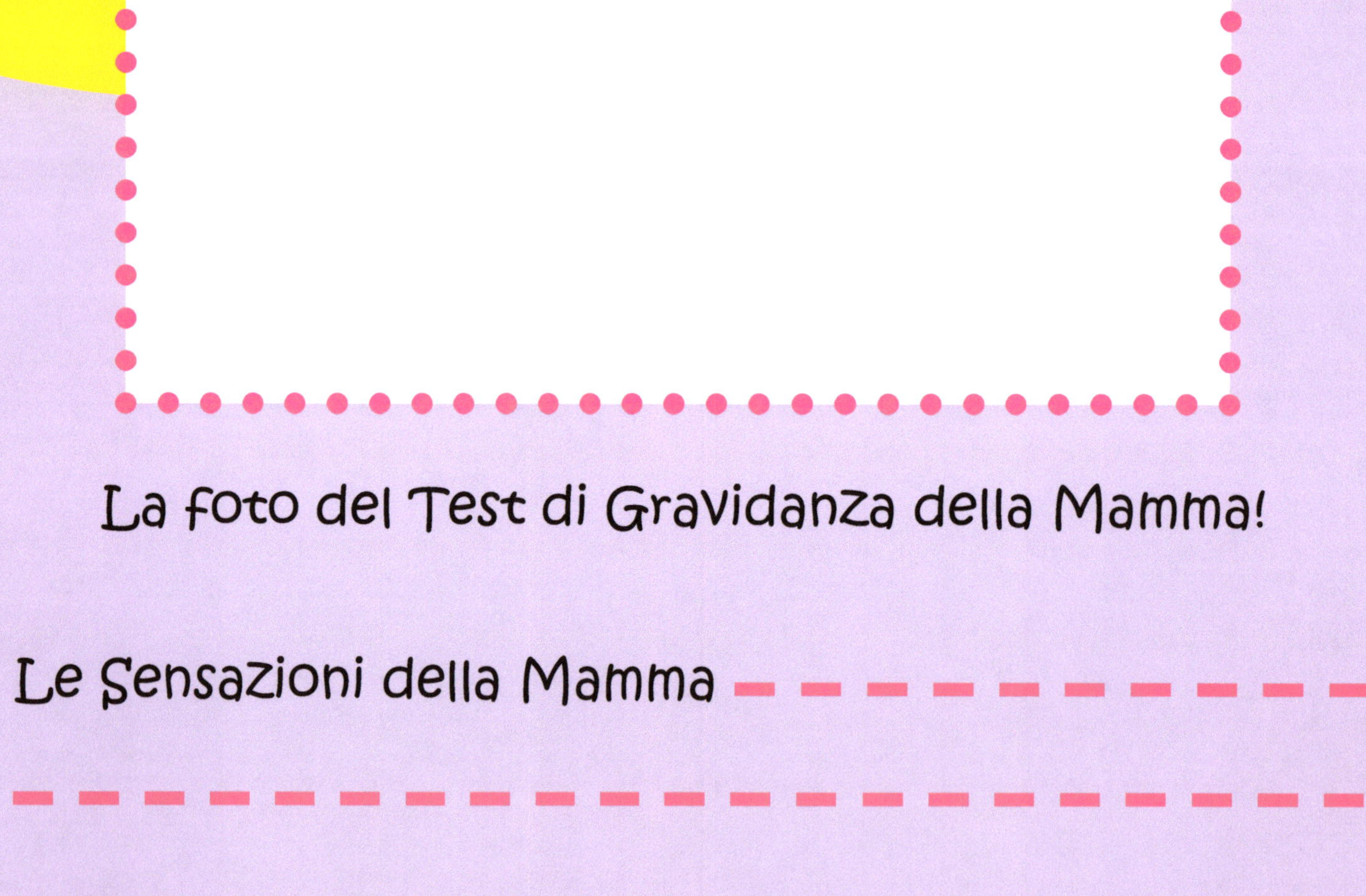

La foto del Test di Gravidanza della Mamma!

Le Sensazioni della Mamma

Ecco le mie Ecografie: che emozione!

Qui sono alla:

_ _ _ _ _ Settimana

Data _ _ _ _ _ _ _

Aneddoti _ _ _ _ _

_ _ _ _ _ _ _ _

_ _ _ _ _ _ _ _

Qui sono alla:

_ _ _ _ _ Settimana

Data _ _ _ _ _ _

Aneddoti _ _ _ _

_ _ _ _ _ _ _

_ _ _ _ _ _

Hanno scoperto che fossi una
femminuccia il giorno:

_ _ _ _ _ _ _ _ _ _ _

Il Pancione della Mamma

Ecco la Mamma col Pancione... Io ero li' dentro!

Foto scattata il: _ _ _ _

Dove? _ _ _ _ _ _

_ _ _ _ _ _

Note _ _ _ _ _

_ _ _ _ _ _

_ _ _ _ _ _

_ _ _ _ _ _

_ _ _ _ _ _

I primi movimenti nel Pancione _ _ _ _ _

_ _ _ _ _ _

Ancora... il Pancione della Mamma!

Aneddoti e Sensazioni

I Preparativi

Ecco la mia cameretta prima che nascessi!

Le compere: 

Ed ecco la foto delle mie cosine...

Note e Sensazioni...

Gli Sgoccioli... Sto arrivando!

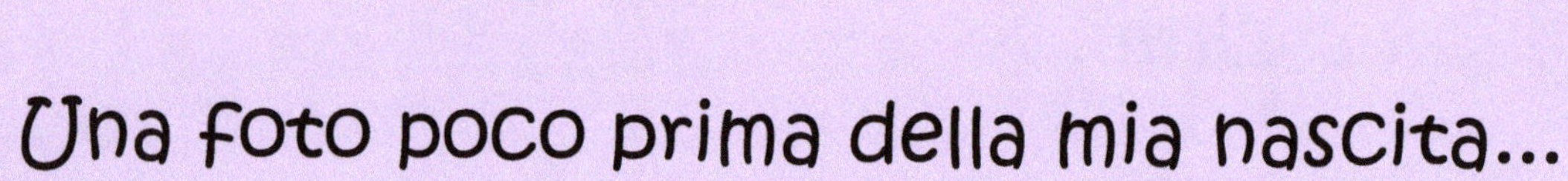

Una foto poco prima della mia nascita...

Avvisaglie e altre sensazioni:

Il mio Tracciato...

Il Parto...

Parto Naturale o Cesareo?

_ _ _ _ _ _ _ _

Ecco il racconto della mia nascita: _ _ _ _ _

_ _ _ _ _ _ _ _ _ _ _

_ _ _ _ _ _ _ _ _ _ _

_ _ _ _ _ _ _ _ _ _ _

_ _ _ _ _ _ _ _ _ _ _

_ _ _ _ _ _ _ _ _ _ _

_ _ _ _ _ _ _ _ _ _ _

_ _ _ _ _ _ _ _ _ _ _

Sono Nata!

Scheda della mia Nascita

La mia prima foto!

Luogo, data e ora di nascita: _ _ _ _ _ _ _ _ _ _

Il mio Peso e la mia Lunghezza: _ _ _ _ _ _ _ _ _

La circonferenza della Testolina: _ _ _ _ _ _ _ _

Gruppo Sanguigno: _ _ _ _ _ _ _ _ _ _ _

Altre Informazioni: _ _ _ _ _ _ _ _ _ _ _

_ _ _ _ _ _ _ _ _ _ _ _

I Primi Giorni...

Le primissime fotine!

Finalmente a Casa!

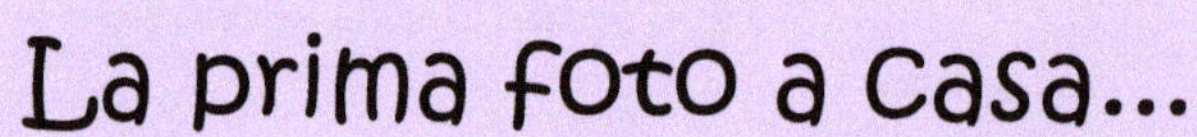

La prima foto a casa...

I primi giorni e il rientro a casa: _ _ _ _ _ _ _

Nella cameretta!

Il Lattuccio

Le mie prime poppate!

Nella culla e... La Nanna

Nel lettino... dormo tranquilla!

Cambiamo il pannolino

Eccomi!!!

Il Bagnetto

La mia prima reazione all'acqua!

Le prime Visite Pediatriche

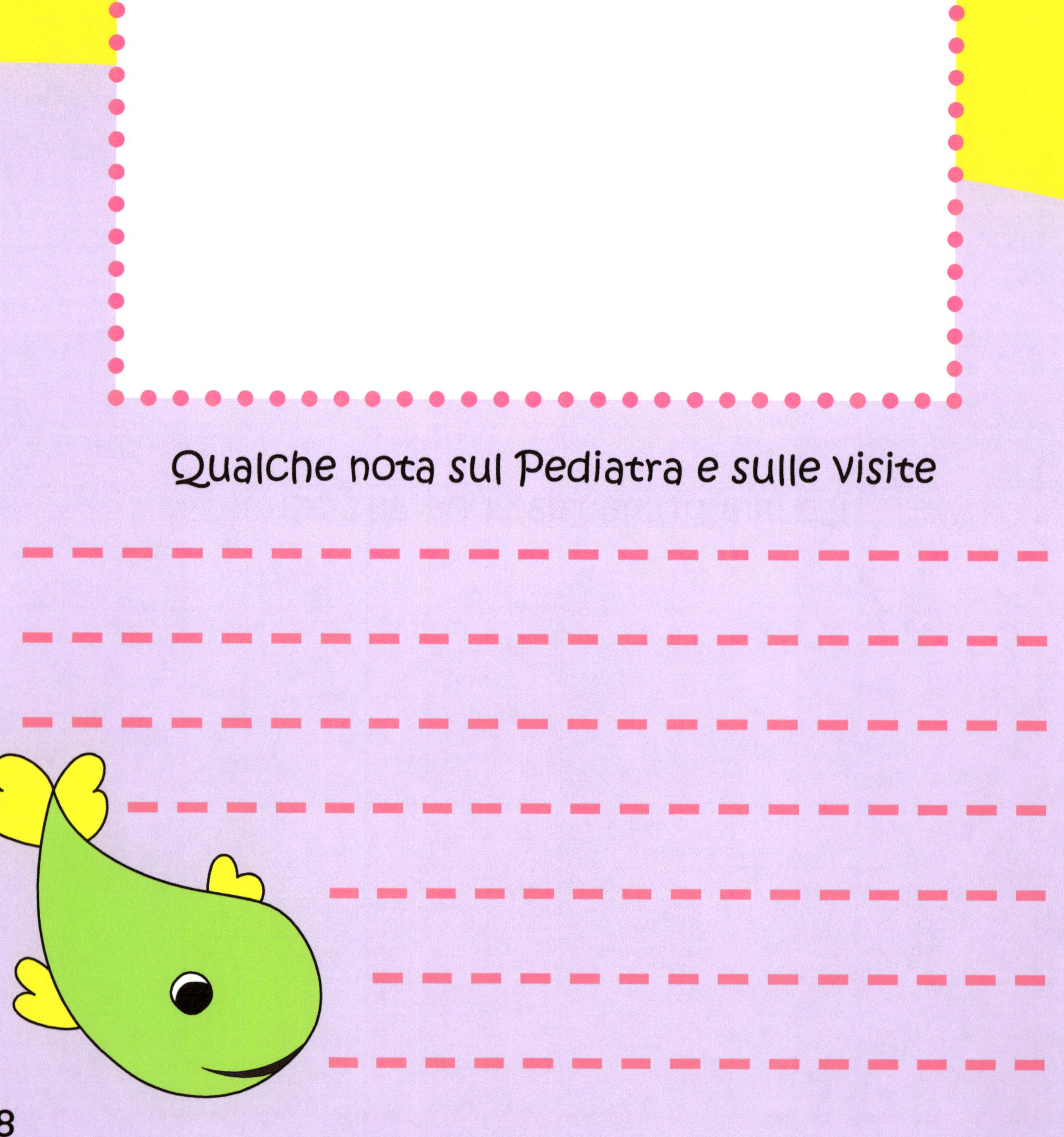

Qualche nota sul Pediatra e sulle visite

I Vaccini effettuati

Vaccini: Data: Reazioni (ad es. febbre, ecc.)

Prime uscite

La prima passeggiata fuori casa

Eccoci mentre andiamo in giro!

I miei accessori

Ciuccio, pupazzetti preferiti e altro...

Prime Interazioni

Non posso ancora parlare ma mi faccio capire!
(gesti, smorfie, versi, battere le manine e fare "ciao")

Prime Pappe

Eccomi mentre mangio le prime pappe!

Il mio Menù

La prima Pappa... (da 4/6 mesi a 8 mesi)

- -

- -

- -

- -

Nuovi sapori... (da 9 mesi a 12 mesi)

- -

- -

- -

- -

Ma che bontà... (da 1 anno in poi)

- -

- -

- -

- -

I miei Dentini

Il mio sorriso e l'ordine di comparsa dei dentini...

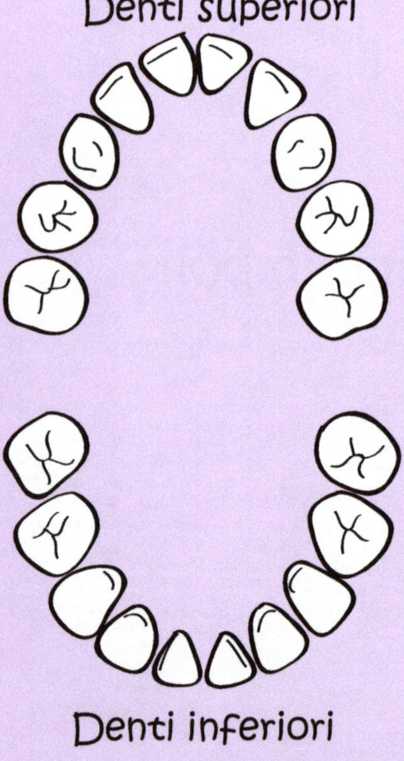

Note _ _ _ _ _ _ _ _ _

_ _ _ _ _ _ _ _ _ _

_ _ _ _ _ _ _ _ _ _

_ _ _ _ _ _ _ _ _ _

_ _ _ _ _ _ _ _ _ _

_ _ _ _ _ _ _ _ _ _

Idea: inserisci, vicino a ogni dentino, un numeretto per indicare il relativo ordine di comparsa!

Le prime Parole

Idea: inserisci, nel fumetto, le prime parole in ordine temporale, specificando anche le date!

I primi Passi

Io, mentre gattono o mi metto in piedi le prime volte

Diario dei primi Passi

Quando ho iniziato a gattonare e mettermi in piedi?

Quando ho iniziato a camminare con un appoggio?

I primi Passi in libertà!

Finalmente... Cammino!

La Musica preferita

Eccomi mentre ascolto la musica (o ballo)!
Ed ecco un elenco di musiche preferite:

I primi Giochi

Io e i miei giochini...

I miei Amici

I miei amici, cuginetti e conoscenti!

Il primo Inverno...

Come ho trascorso il mio primo Inverno

...e la prima Estate

Come ho trascorso la mia prima Estate

Aneddoti

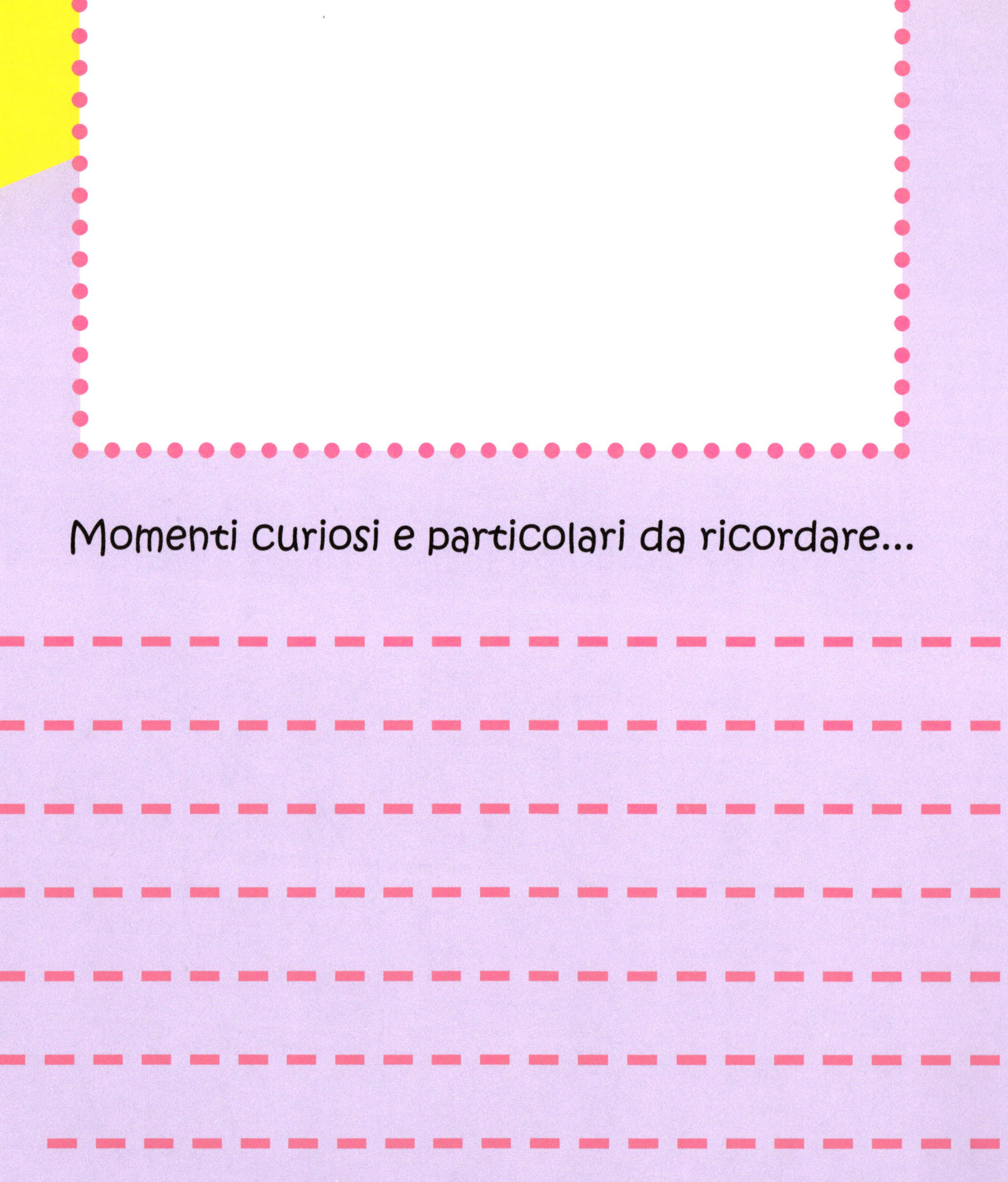

Momenti curiosi e particolari da ricordare...

Occasioni Speciali

Io e la Mamma

Ti voglio tanto bene Mamma!

Io e il Papà

Ti voglio tanto bene Papà!

La nostra Famiglia

Tutta la famiglia al completo!

Con Parenti e Amici

Qui sono assieme a: _ _ _ _ _ _ _ _ _

Con Parenti e Amici

Qui sono assieme a: _ _ _ _ _ _ _ _ _

Con Parenti e Amici

Qui sono assieme a: _ _ _ _ _ _ _ _

Con Parenti e Amici

Qui sono assieme a: _ _ _ _ _ _ _ _ _ _ _

I primi Regalini

Ecco i doni ricevuti per la mia nascita!

Occasioni da ricordare

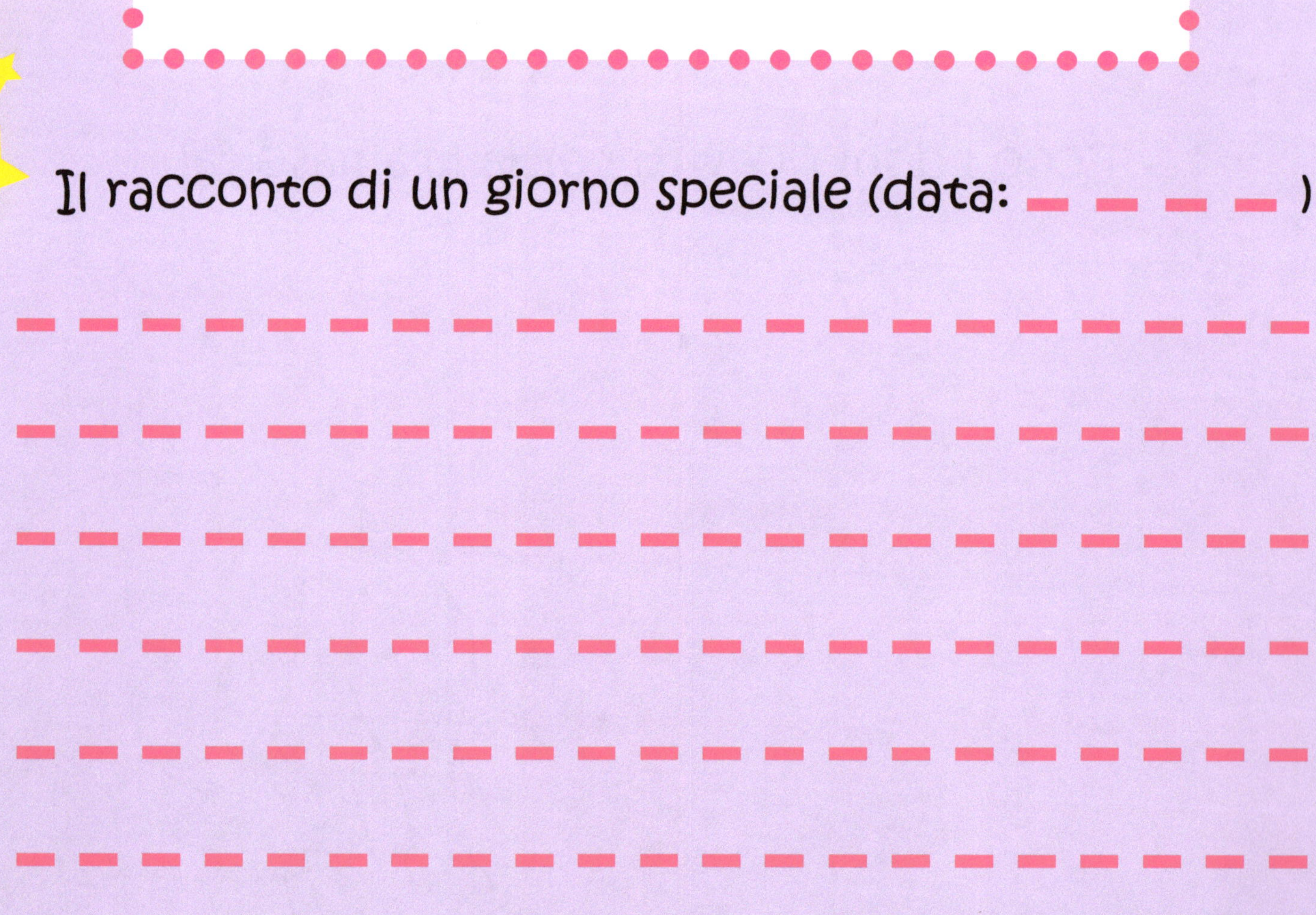

Il racconto di un giorno speciale (data: _ _ _ _)

Foto speciali

Occasioni da ricordare

Il racconto di un giorno speciale (data: _ _ _ _)

Foto speciali

Occasioni da ricordare

Il racconto di un giorno speciale (data: _ _ _ _)

Foto speciali

Occasioni da ricordare

Il racconto di un giorno speciale (data: _ _ _ _ _)

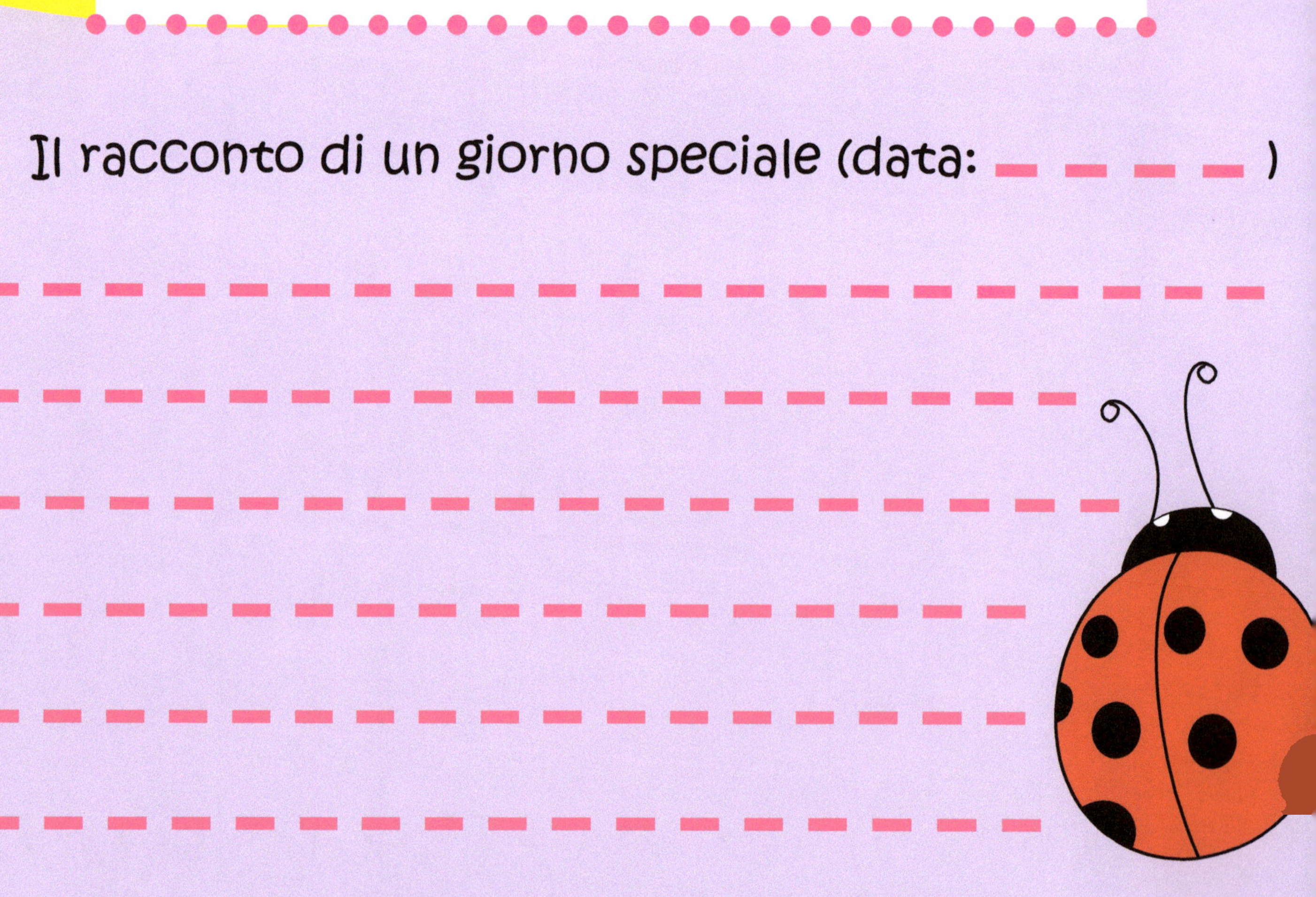

Finalmente: ho 1 anno!

Finalmente: ho 1 anno!

Foto Speciali (12-18 mesi)

Foto Speciali (12-18 mesi)

Foto Speciali (18-24 mesi)

Foto Speciali (18-24 mesi)

Foto Speciali (2 anni!)

Foto Speciali (3 anni!)

Foto Speciali (4 anni!)

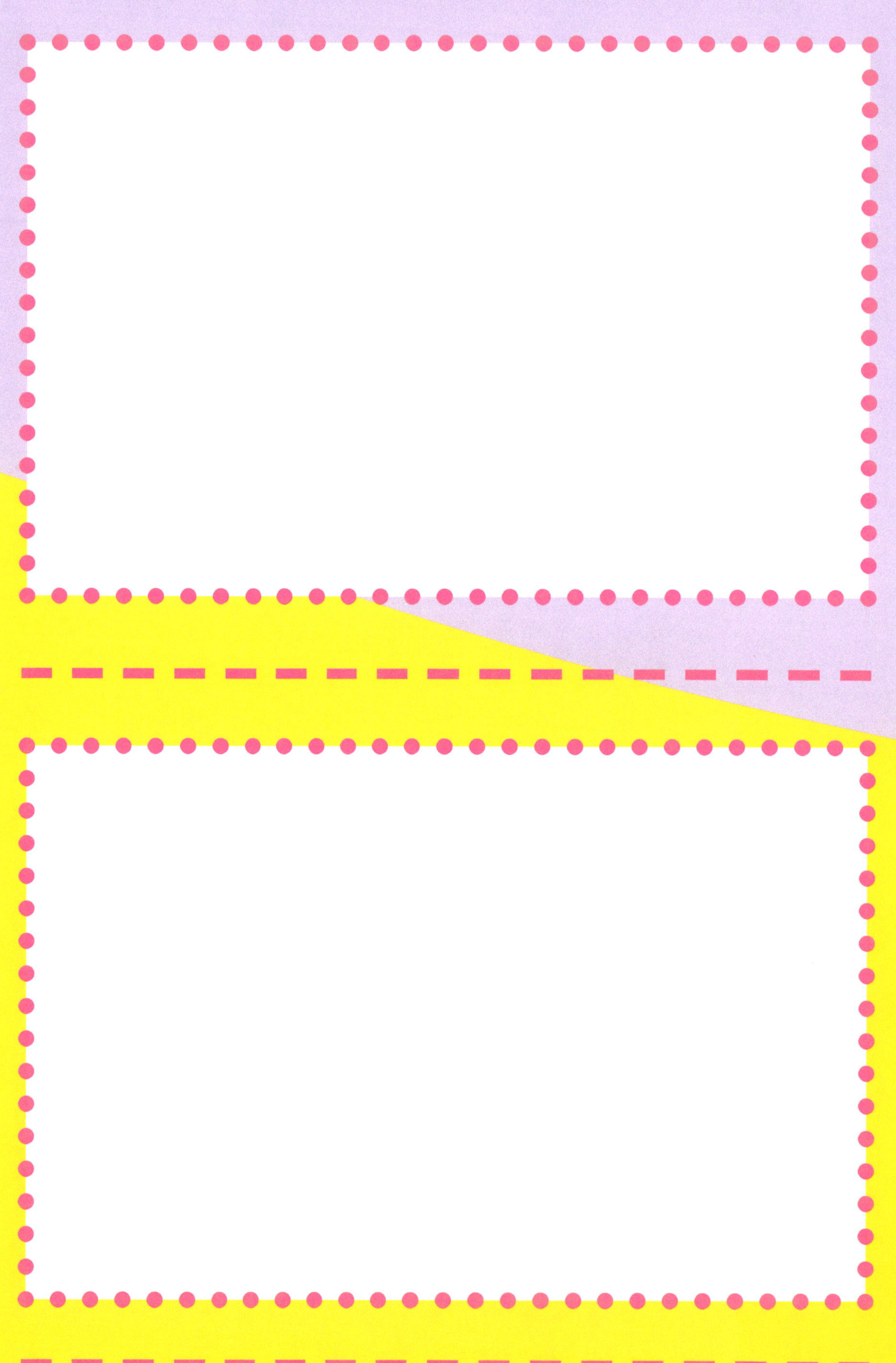

Foto Speciali (4 anni!)

Foto Speciali (5 anni!)

Foto Speciali (5 anni!)

Due righe da Mamma

Un pensiero per te, piccola mia...

Due righe da Papà

...con tutto il nostro affetto!

"Il Diario Fotografico della mia Bambina
Dalla gravidanza al quinto anno... Per crescere
insieme, passo dopo passo"

Versione femminuccia (Neutral)

Opera pubblicata e distribuita da: **& MyBook**
un marchio di **Caravaggio Editore**
66054 Vasto (CH)- Italy
www.andmybook.it
info@andmybook.it

Collana Editoriale *Mamma Creativa* - Volume 5
Prima Edizione Aprile 2019

ISBN 978-88-6560-175-4

www.mammaCreativa.eu

Materiale da scaricare gratuitamente, fiabe, musica e tanto altro ancora!